Impressum
Verlag: BABADADA GmbH, Nedderfeld 112 , 22529 Hamburg
Geschäftsführer / Verlagsleitung: Harald Hof
Druck: Books on Demand GmbH, In de Tarpen 42, 22848 Norderstedt

Imprint
Publisher: BABADADA GmbH, Nedderfeld 112 , 22529 Hamburg, Germany
Managing Director / Publishing direction: Harald Hof
Print: Books on Demand GmbH, In de Tarpen 42, 22848 Norderstedt, Germany

# škola

# škola

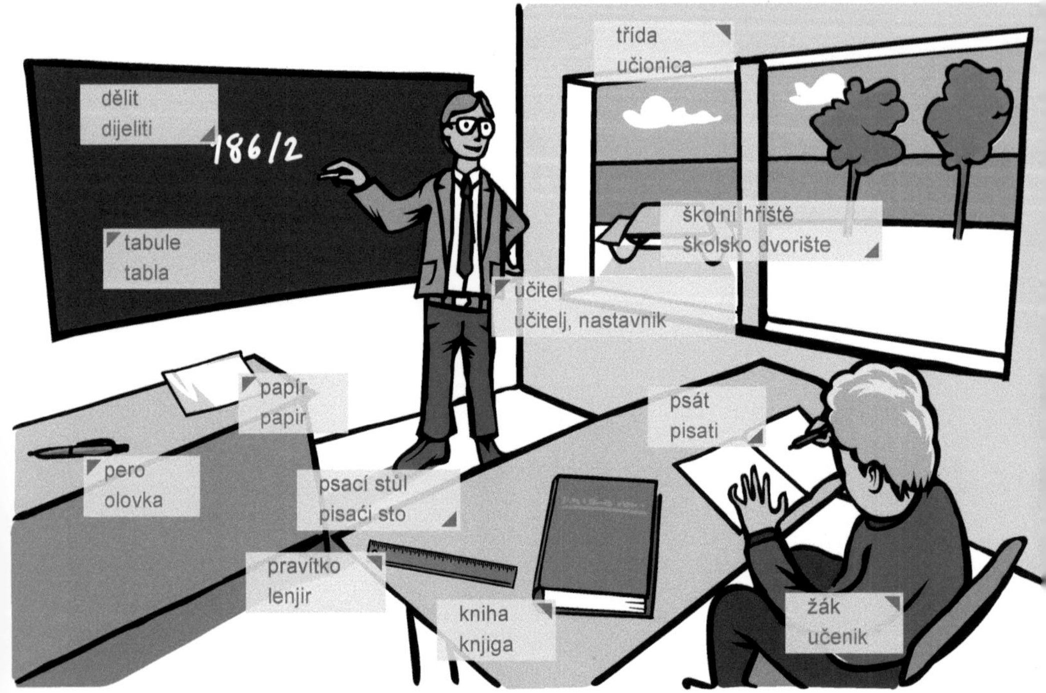

třída
učionica
dělit
dijeliti
186/2
tabule
tabla
školní hřiště
školsko dvorište
učitel
učitelj, nastavnik
papír
papir
psát
pisati
pero
olovka
psací stůl
pisaći sto
pravítko
lenjir
kniha
knjiga
žák
učenik


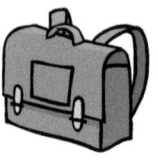

aktovka

torba

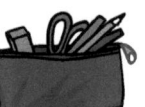

penál

pernica

tužka

drvena olovka

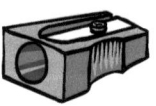

ořezávátko

šiljalo za olovke

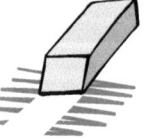

guma

gumica

blok na kreslení

blok za crtanje

výkres

crtež

štětec

kist

malířské potřeby

kutija s bojama

nůžky

makaze

lepidlo

ljepilo

cvičebnice

vježbanka

domácí úkol

domaća zadaća

**12**

počet

broj

**2+2**

sčítat

sabirati

**5-2**

odčítat

oduzimati

**2×2**

násobit

množiti

počítat

računati

**A**

písmeno

slovo

**ABCDEFG HIJKLMN OPQRSTU VWXYZ**

abeceda

abeceda

**hello**

slovo

riječ

text

tekst

číst

čitati

křída

kreda

hodina

sat

třídní kniha

školski dnevnik

zkouška

ispit

vysvědčení

svjedočanstvo

školní uniforma

školska uniforma

vzdělání

izobrazba

encyklopedie

leksikon

univerzita

univerzitet

mikroskop

mikroskop

karta

karta

odpadkový koš na papír

korpa za papir

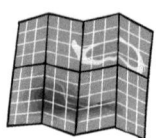

škola - škola

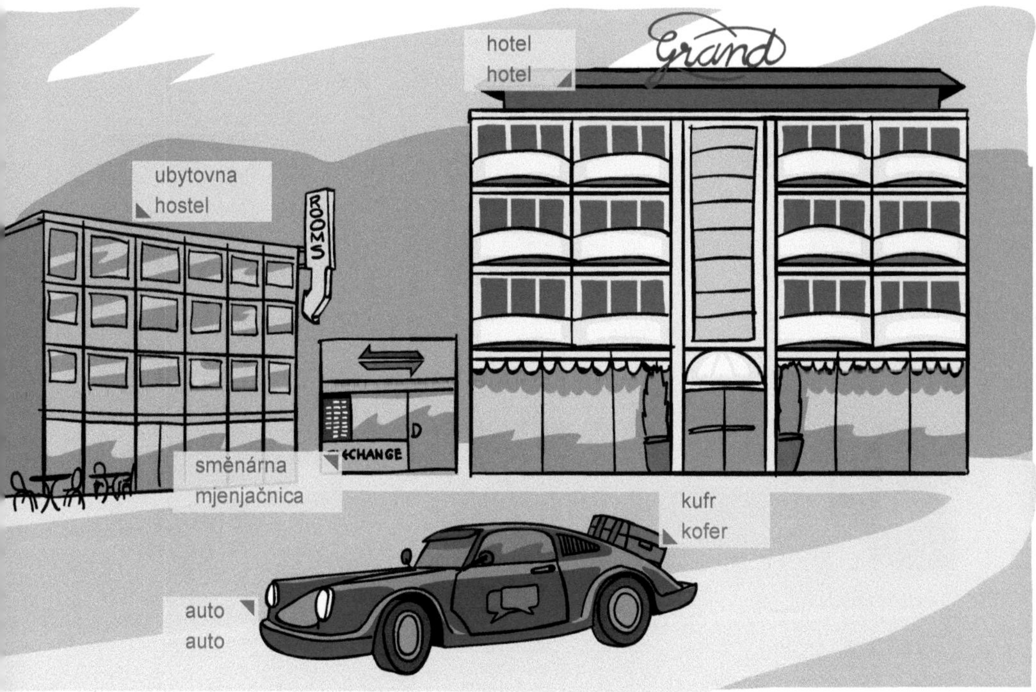

hotel
hotel
Grand
ubytovna
hostel
ROOMS
směnárna
mjenjačnica
kufr
kofer
auto
auto

jazyk
jezik

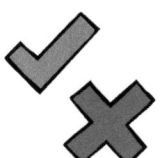

ano / ne
da / ne

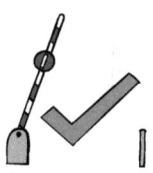

oukej
okej

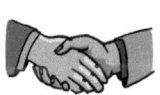

Ahoj!
zdravo

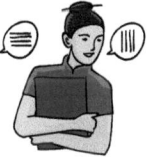

překladatel
tumač

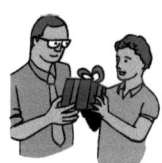

děkuji
hvala

Kolik stojí...?

Koliko košta...?

nerozumím

Ne razumijem

problém

problem

Dobrý večer!

dobro veče!

Dobré ráno!

Dobro jutro!

Dobrou noc!

Laku noć!

na shledanou

doviđenja

směr

smjer

zavazadlo

prtljag

taška

torba

batoh

ruksak

host

gost

pokoj

soba

spací pytel

vreća za spavanje

stan

šator

turistické informace

turističke informacije

pláž

plaža

kreditní karta

kreditna kartica

snídaně

doručak

oběd

ručak

večeře

večera

jízdenka

putna karta

výtah

lift

poštovní známka

poštanska markica

hranice

granica

clo

carina

poselství

ambasada

vízum

viza

pas

pasoš

# transport
# transport

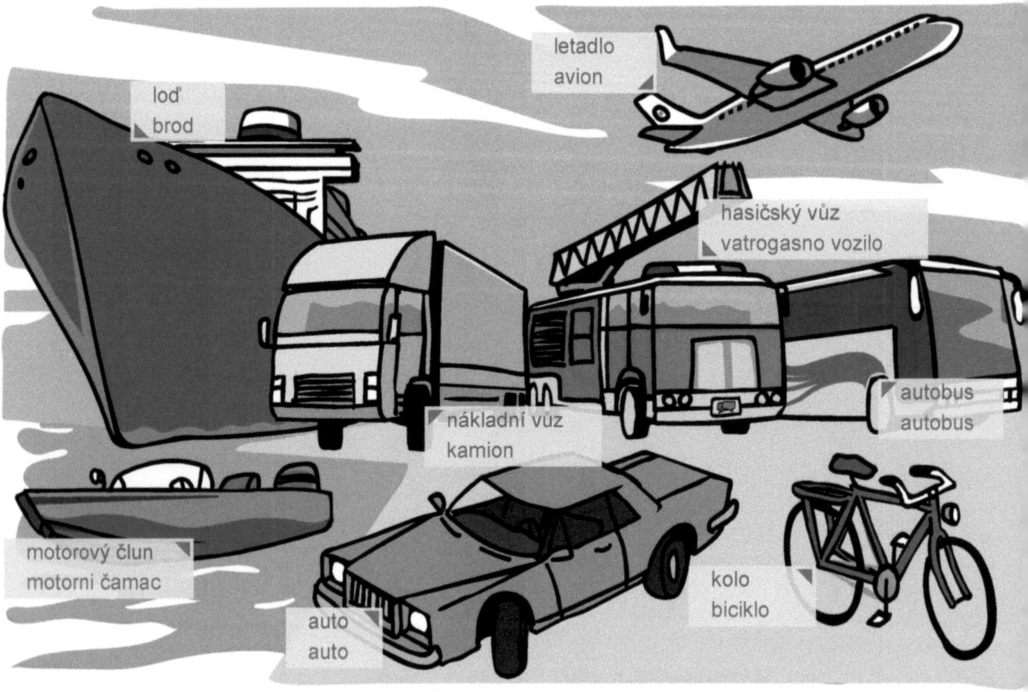

letadlo
avion
loď
brod
hasičský vůz
vatrogasno vozilo
autobus
autobus
nákladní vůz
kamion
motorový člun
motorni čamac
kolo
biciklo
auto
auto


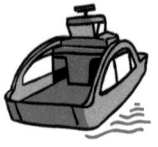

přívoz

trajekt

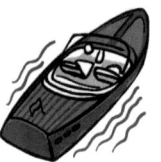

člun

brod

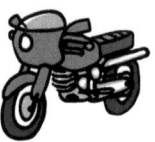

motorka

motocikl

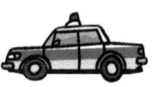

policejní auto

policijski automobil

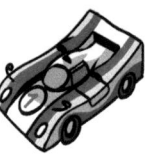

závodní auto

trkaći automobil

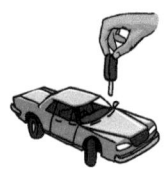

pronajaté auto

unajmljeni automobil

sdílení aut

kar-šering

odtahová služba

pauk

popelářský vůz

smećarsko vozilo

motor

motor

palivo

gorivo

čerpací stanice

benzinska pumpa

dopravní značka

saobraćajni znak

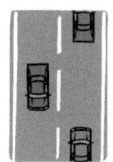

doprava

saobraćaj

dopravní zácpa

zastoj

parkoviště

parking

vlakové nádraží

željeznička stanica

koleje

šine

vlak

voz

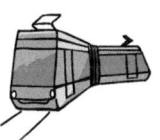

tramvaj

tramvaj

vagón

vagon

helikoptéra

helikopter

letiště

aerodrom

věž

toranj

pasažér

putnik

kontejner

kontejner

kartón

karton

trakař

tačke

koš

korpa

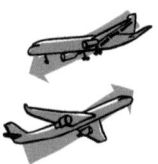

vzlétnout / přistát

poletjeti / sletjeti

# město

## grad

vesnice

selo

střed města

centar grada

dům

kuća

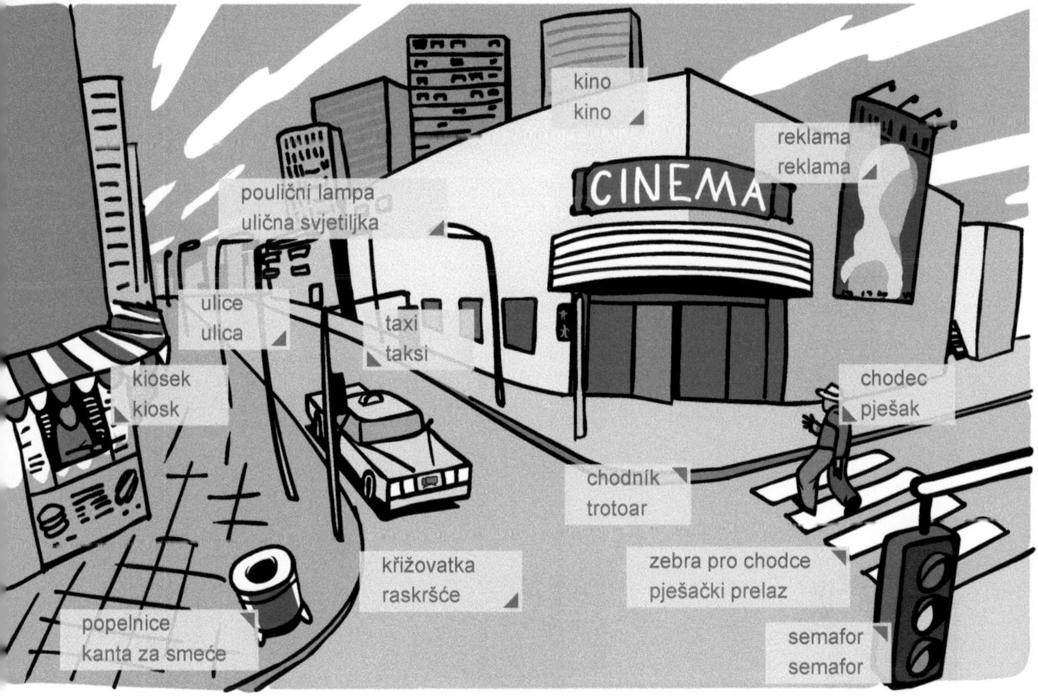

kino
kino

reklama
reklama

pouliční lampa
ulična svjetiljka

CINEMA

ulice
ulica

taxi
taksi

chodec
pješak

kiosek
kiosk

chodník
trotoar

křižovatka
raskršće

zebra pro chodce
pješački prelaz

popelnice
kanta za smeće

semafor
semafor

chata
koliba

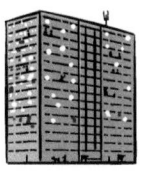

byt
stan

vlakové nádraží
željeznička stanica

radnice
vjećnica

muzeum
muzej

škola
škola

univerzita

univerzitet

banka

banka

nemocnice

bolnica

hotel

hotel

lékárna

apoteka

kancelář

ured

knihkupectví

knjižara

obchod

radnja

květinářství

cvjećara

supermarket

supermarket

tržnice

pijaca

obchodní dům

robna kuća

rybárna

prodavač ribe

nákupní centrum

trgovački centar

přístav

luka

park

park

lavička

klupa

most

most

schody

stepenice

metro

podzemna željeznica

tunel

tunel

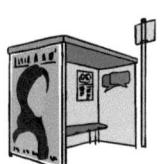

autobusová zastávka

autobuska stanica

bar

bar

restaurace

restoran

poštovní schránka

poštanski sandučić

pouliční tabule

saobraćajni znak

parkovací hodiny

sat za naplatu parkinga

zoo

zološki vrt

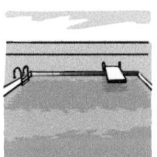

plovárna

bazen

mešita

džamija

usedlost

seosko imanje

znečišťování životního prostředí

zagađenje okoline

hřbitov

groblje

církev

crkva

hřiště

igralište

chrám

hram

## krajina
## krajolik

list
list

rozcestník
putokaz

cesta
putokaz

louka
livada

kámen
kamen

strom
drvo

turista
putnik

řeka
rijeka

tráva
trava

květina
cvijet

údolí

dolina

hora

brdo

jezero

jezero

les

šuma

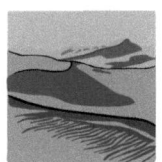

poušť

pustinja

sopka

vulkan

zámek

dvorac

duha

duga

houba

gljiva

palma

palma

komár

komarac

moucha

muha

mravenec

mrav

včela

pčela

pavouk

pauk

brouk

buba

žába

žaba

veverka

vjeverica

ježek

jež

zajíc

zec

sova

sova

pták

ptica

labuť

labud

divoké prase

divlja svinja

jelen

jelen

los

los

přehrada

brana

větrné kolo

vjetrenjača

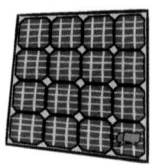

solární panel

solarni modul

podnebí

klima

# restaurace

# restoran

číšník
konobar
jídelní lístek
jelovnik
židle
stolica
polévka
supa
pizza
pica
příbor
pribor za jelo
ubrus
stolnjak


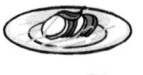

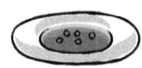

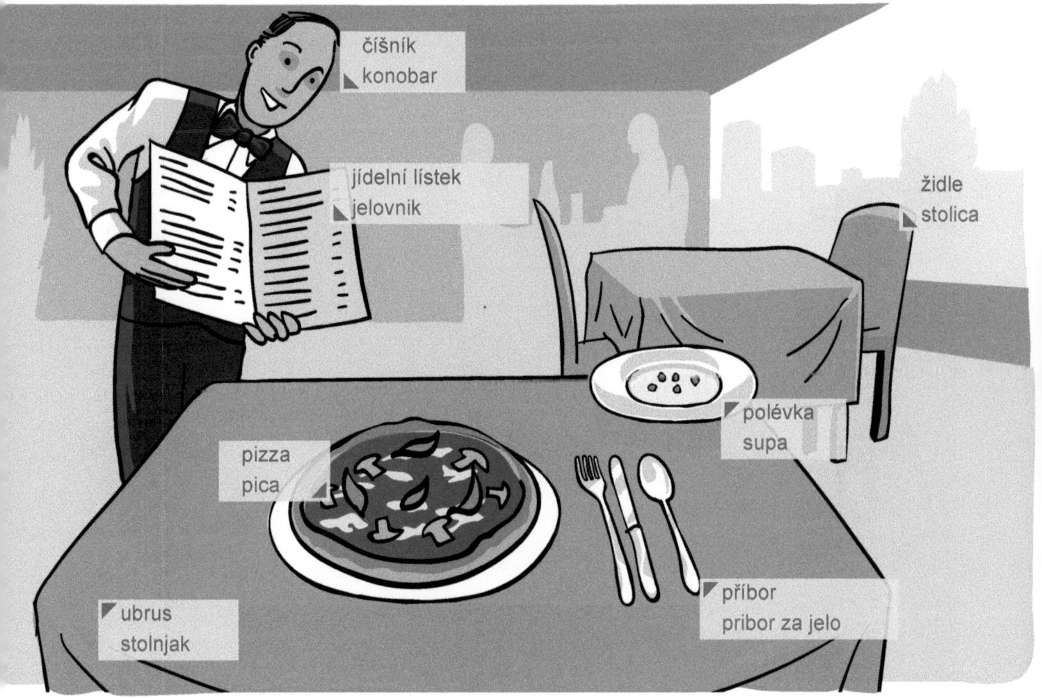

předkrm

predjelo

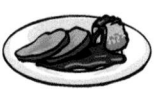

hlavní chod

glavno jelo

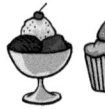

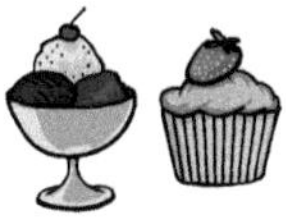

dezert

desert

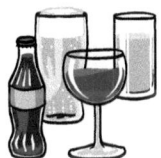

nápoje

piće

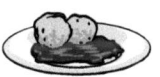

jídlo

jelo

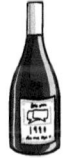

láhev

flaša

rychlé občerstvení

brza hrana

pouliční občerstvení

jelo sa ulice

čajová konvice

čajnik

cukřenka

šećernica

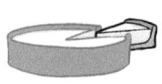

porce

porcija

kávovar na espresso

mašina za espreso

dětská stolička

barska stolica

faktura

račun

tác

tacna

nůž

nož

vidlička

viljuška

lžíce

kašika

čajová lyžička

kašičica

ubrousek

salveta

sklenička

čaša

restaurace - restoran

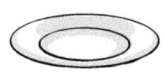

talíř

tanjir

talíř na polévku

tanjir za supu

podšálek

tanjurić

omáčka

sos

slánka

solanik

mlýnek na pepř

mlin za biber

ocet

sirće

olej

ulje

koření

začini

kečup

kečap

hořčice

senf

majonéza

majoneza

# supermarket

# supermarket

nabídka
ponuda
FOR
zákazník
klijent
mléčné výrobky
mliječni proizvodi
ovoce
voće
nákupní vozík
kolica za kupovinu

BUTCHERS

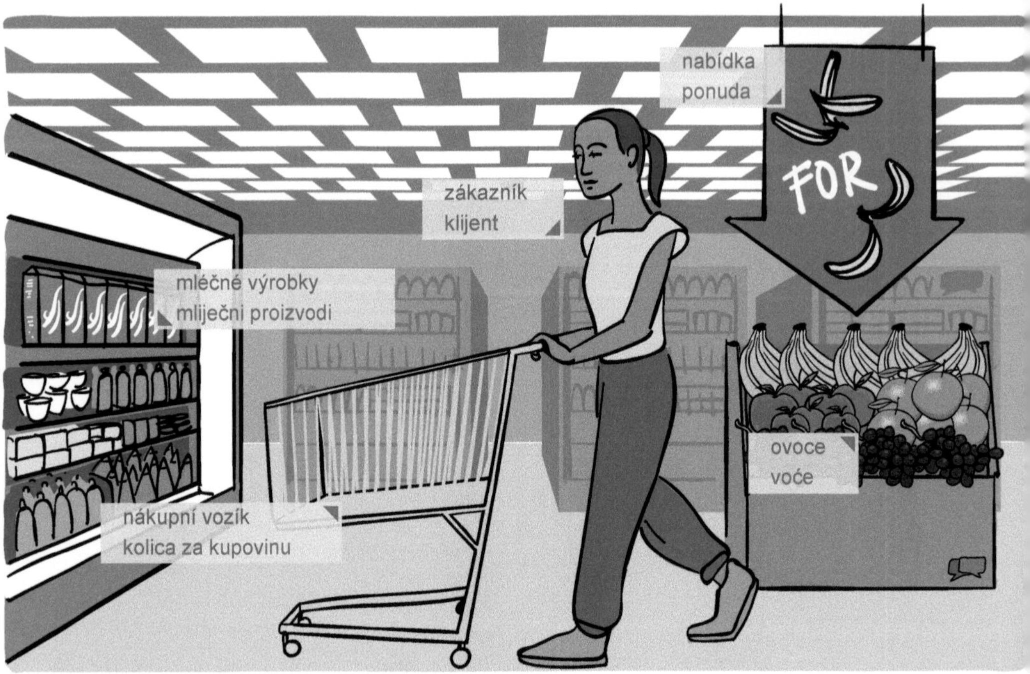

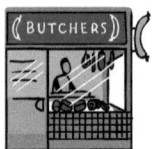

masna

mesnica- klaonica

BAKERY

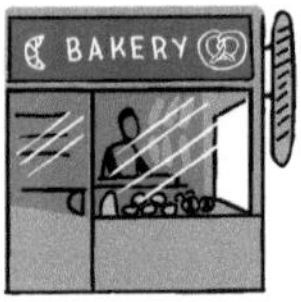

pekařství

pekara

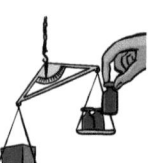

vážit

vagati

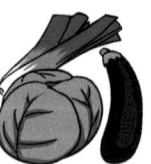

zelenina

povrće

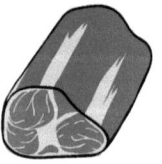

maso

meso

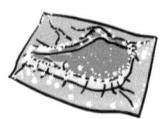

mražené potraviny

zaleđena hrana

obložený talíř

narezak

konzervy

konzerve

prací prášek

prašak za veš

cukrovinky

slatkiši

výrobky pro domácnost

kućanski proizvodi

čisticí prostředek

sredstvo za čišćenje

prodavačka

prodavačica

pokladna

kasa

pokladní

blagajnik

nákupní seznam

lista za kupovinu

otevírací doba

radno vrijeme

peněženka

novčanik

kreditní karta

kreditna kartica

taška

torba

igelitová taška

najlonska vrećica

voda

voda

džus

sok

mléko

mlijeko

kola

kola

víno

vino

pivo

pivo

alkohol

alkohol

kakao

kakao

čaj

čaj

káva

kafa

espresso

espreso

kapučíno

kapućino

banán

banana

jablko

jabuka

pomeranč

narandža

meloun

lubenica

citrón

limun

mrkev

mrkva

česnek

bijeli luk

bambus

bambus

cibule

crveni luk

houba

gljiva

ořechy

orašasti plodovi

těstoviny

pasta

špageti

špagete

rýže

riža

salát

salata

hranolky

pomfrit

americké brambory

pečeni krompir

pizza

pica

hamburger

hamburger

sendvič

sendvič

řízek

šnicla

šunka

šunka

salám

kobasica

salám

kobasica

kuře

kokoš

pečeně

pečenje

ryby

riba

jídlo - jelo

ovesné vločky

zobene pahuljice

müsli

muzli

vločky

kornfleks

mouka

brašno

croissant

kroason

houska

zemičke

chléb

kruh

toast

tost

sušenky

keksi

máslo

maslac

tvaroh

svježi sir

buchta

kolač

vejce

jaje

volské oko

jaje na oko

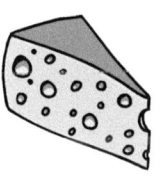

sýr

sir

jídlo - jelo

zmrzlina

sladoled

cukr

šećer

med

med

marmeláda

marmelada

nugátový krém

nugat krema

kari

kuri

# usedlost
## seosko imanje

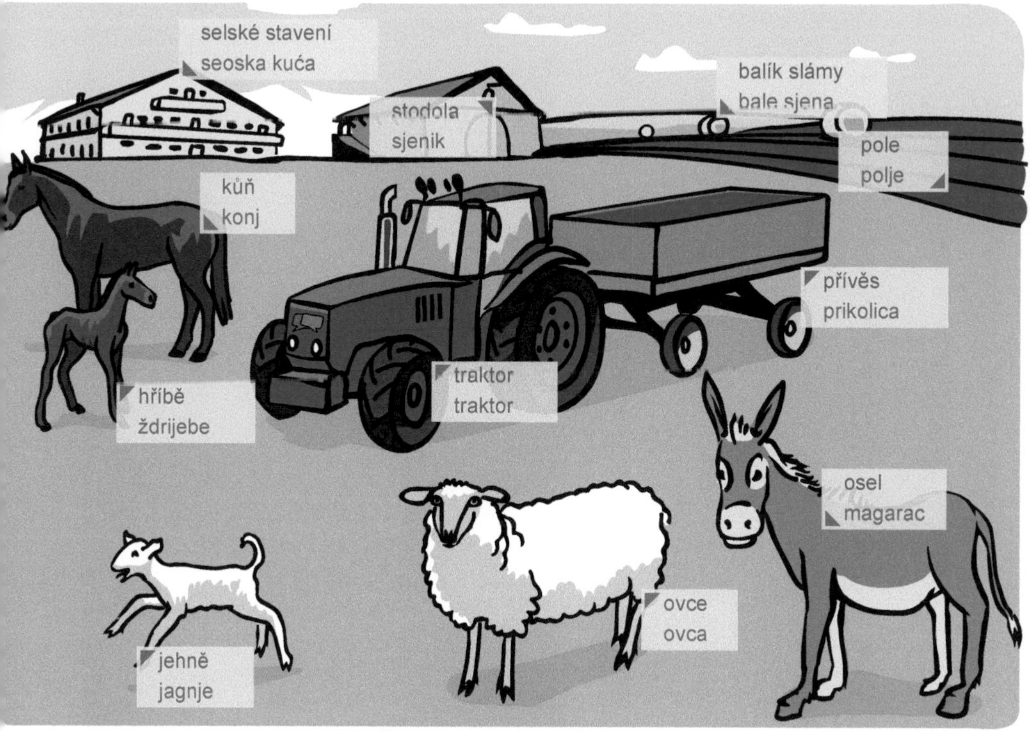
selské stavení
seoska kuća
stodola
sjenik
balík slámy
bale sjena
pole
polje
kůň
konj
přívěs
prikolica
traktor
traktor
hříbě
ždrijebe
osel
magarac
ovce
ovca
jehně
jagnje

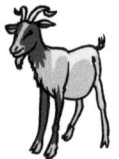

koza
koza

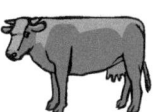

kráva
krava

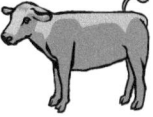

tele
tele

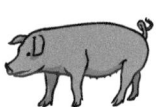

prase
svinja

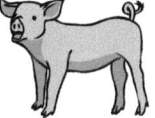

sele
prase

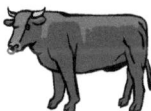

býk
bik

husa
guska

kachna
patka

kuře
pile

slepice
kokoška

kohout
pjetao

krysa
pacov

kočka
mačka

myš
miš

vůl
vol

pes
pas

psí bouda
pseća kućica

zahradní hadice
crijevo za baštu

kropicí konev
kanta za zalijevanje

kosa
kosa

pluh
plug

srp

srp

motyka

motika

vidle

vile

sekera

sjekira

kolecko

tačke

koryto

korito

konev na mléko

bokal za mlijeko

pytel

vreća

plot

ograda

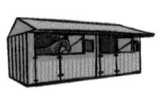

stáj

štala

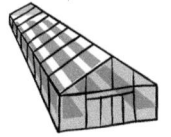

skleník

staklenik

půda

tlo

osivo

sjeme

hnojivo

đubrivo

kombajn

kombajn

sklidit

kositi

sklizeň

žetva

smldinec

jam korijen

pšenice

pšenica

sója

soja

brambora

krompir

kukuřice

kukuruz

řepka

uljana repica

ovocný strom

drvo voća

maniok

manioka

obilí

žito

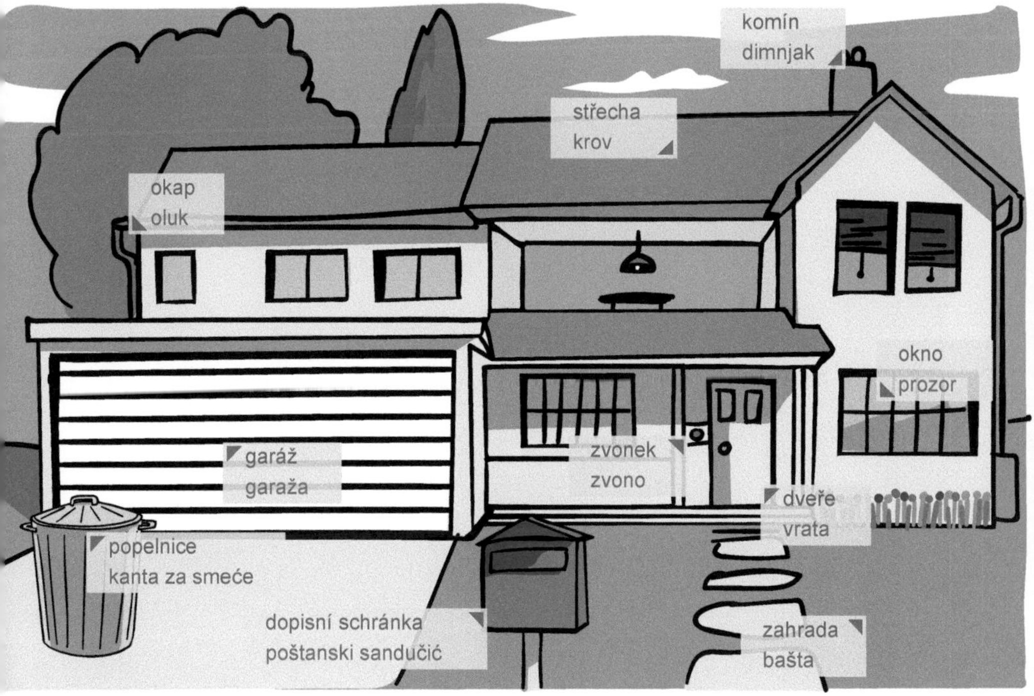

komín
dimnjak

střecha
krov

okap
oluk

okno
prozor

garáž
garaža

zvonek
zvono

dveře
vrata

popelnice
kanta za smeće

dopisní schránka
poštanski sandučić

zahrada
bašta

obývací pokoj

dnevni boravak

koupelna

kupatilo

kuchyně

kuhinja

ložnice

spavaća soba

dětský pokoj

dječija soba

jídelna

trpezarija

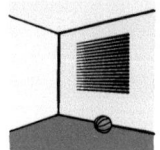

podlaha

pod, tlo

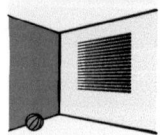

zeď

zid

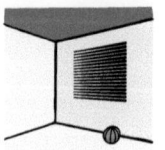

deka

plafon

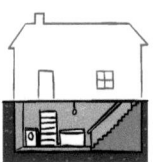

sklep

podrum

sauna

sauna

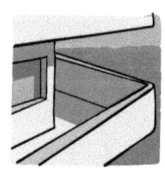

balkón

balkon

terasa

terasa

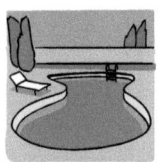

bazén

bazen

sekačka na trávu

kosilica

ložní prádlo

posteljina

lůžková přikrývka

pokrivač

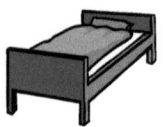

postel

krevet

smeták

metla

kýbl

kanta

vypínač

prekidač

# obývací pokoj
## dnevni boravak

tapeta
tapeta
obrázek
fotografija
žárovka
lampa
police
polica
skříň
ormar
televizor
televizija
komín
dimnjak
květina
cvijet
polštář
jastuk
gauč
kauč
váza
vaza
dálkový ovladač
daljinski upravljač

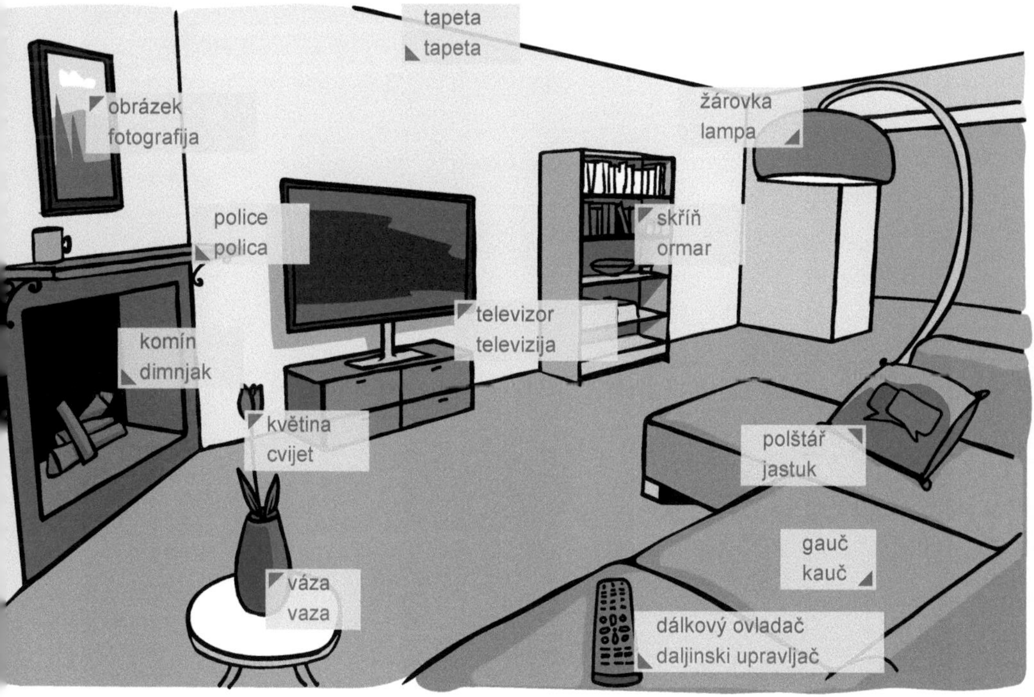

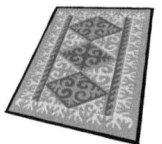

koberec

tepih

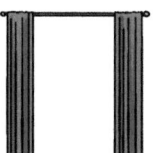

závěs

zavjesa

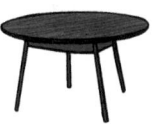

stůl

stol

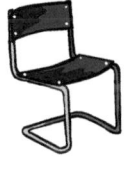

židle

stolica

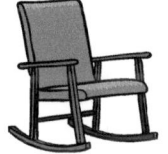

houpací křeslo

stolica za ljuljanje

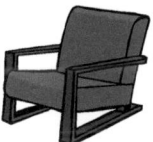

křeslo

fotelja

kniha

knjiga

strop

deka

ozdoba

dekoracija

palivové dříví

ložno drvo

film

film

stereo souprava

stereo uređaj

klíč

ključ

noviny

novine

malba

umjetnička slika

plakát

poster

rádio

radio

poznámkový blok

blok za bilješke

vysavač

usisavač

kaktus

kaktus

svíce

svijeća

# kuchyně
# kuhinja

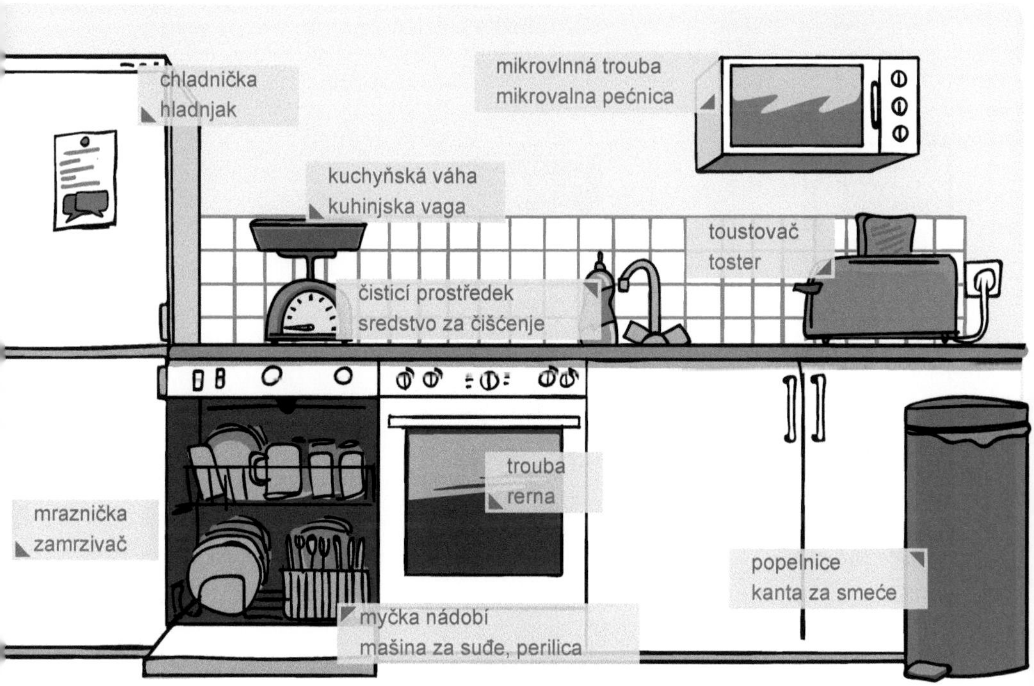
chladnička
hladnjak
mikrovlnná trouba
mikrovalna pećnica
kuchyňská váha
kuhinjska vaga
toustovač
toster
čisticí prostředek
sredstvo za čišćenje
trouba
rerna
mraznička
zamrzivač
popelnice
kanta za smeće
myčka nádobí
mašina za suđe, perilica

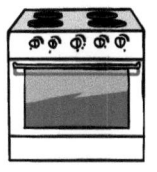

sporák
peć

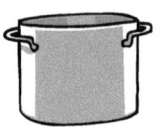

hrnec
lonac

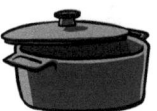

litinový hrnec
metalni lonac

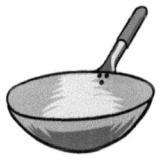

wok / kadai
vok / kadai

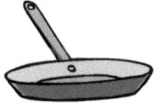

pánev
tava, tiganj

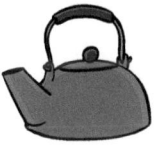

varná konvice
kuhalo

parní hrnec

aparat za kuhanje na pari

plech na pečení

lim za pečenje

nádobí

posuđe

hrnek

šalica

miska

činija

jídelní hůlky

kineski štapići

naběračka

kutlača

obracečka

lopatica

metla

metlica za snijeg bjelanjca

síto

sito za kuhanje

cedník

sito

struhadlo

ribež

hmoždíř

avan s tučkom

gril

roštilj

ohniště

ložište

prkénko na krájení

daska

váleček na těsto

oklagija

vývrtka

vadičep

dóza

konzerva

otvírák na konzervy

otvarač za konzerve

chňapka

krpe za lonac

umyvadlo

sudoper

kartáč na nádobí

četka

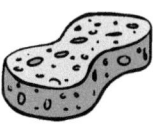

houba

spužva

mixér

mikser

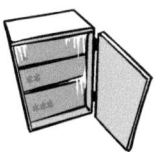

mrazák

zamrzivač

dětská lahev

flašica za bebu

kohoutek

slavina

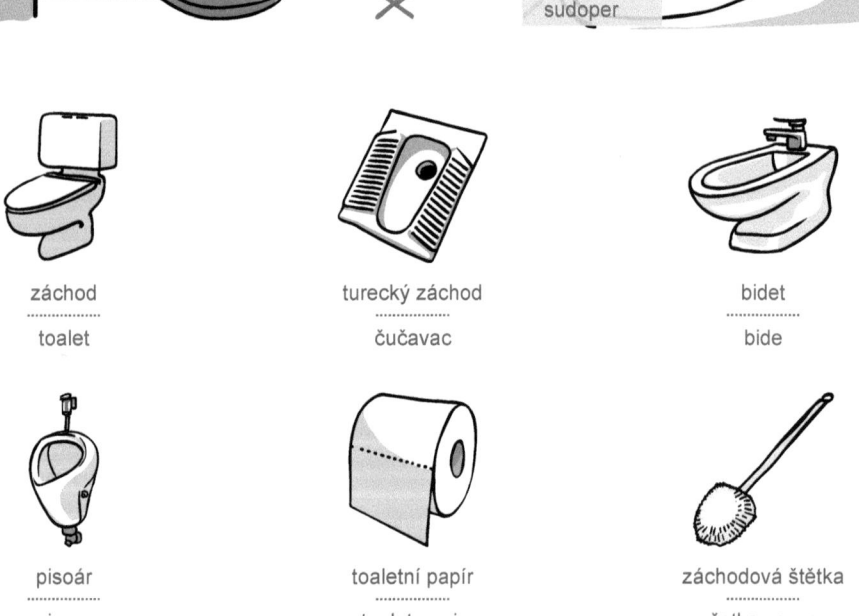

# koupelna
# kupatilo

sprcha
tuš
topení
grijanje
ručník
peškir
sprchový závěs
zavjesa za tuš
pěnová koupel
pjenušava kupka
vana
kada
sklenička
čaša
pračka
mašina za veš
kohoutek
slavina
obkladačky
pločice
nočník
dječja kahlica
umyvadlo
sudoper


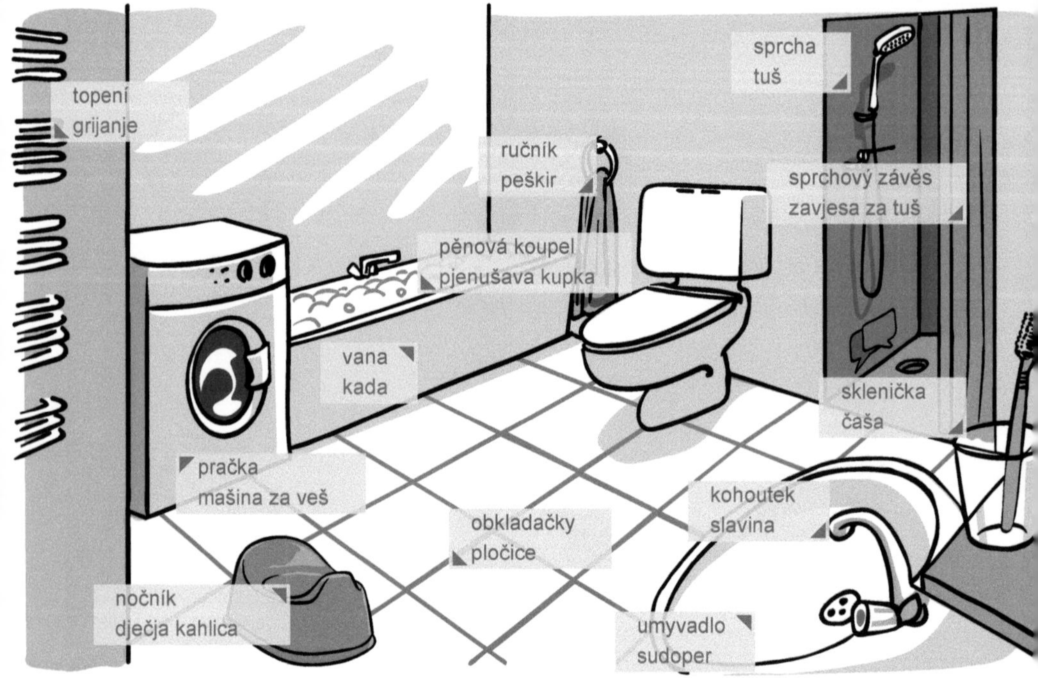

záchod
toalet

turecký záchod
čučavac

bidet
bide

pisoár
pisoar

toaletní papír
toalet papir

záchodová štětka
četka za wc

zubní kartáček

četkica za zube

zubní pasta

pasta za zube

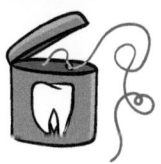

zubní niť

zubni konac

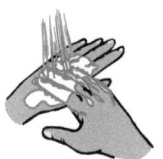

mýt

prati

ruční sprcha

tuš

intimní sprcha

intimni tuš

umyvadlo

lavor

kartáč na záda

četka za leđa

mýdlo

sapun

sprchový gel

gel za tуširanje

šampón

šampon

žínka

krpe za pranje

odpad

odvod

krém

krema

deodorant

dezodorans

zrcadlo

ogledalo

kosmetické zrcátko

ogledalo za šminkanje

holicí strojek

brijač

pěna na holení

pjena za brijanje

voda po holení

vodica poslije brijanja

hřeben

češalj

kartáč

četka

fén

fen

lak na vlasy

sprej za kosu

makeup

puder

rtěnka

karmin

lak na nehty

lak za nokte

vata

vata

nůžky na nehty

makazice za nokte

parfém

parfem

aška s toaletními potřebami

kozmetička torbica

stolička

hoklica

váha

vaga

župan

kupaći ogrtač

gumové rukavice

rukavice za čišćenje

tampón

tampon

dámská vložka

uložak za dame

chemická toaleta

hemijski toalet

# dětský pokoj
# dječija soba

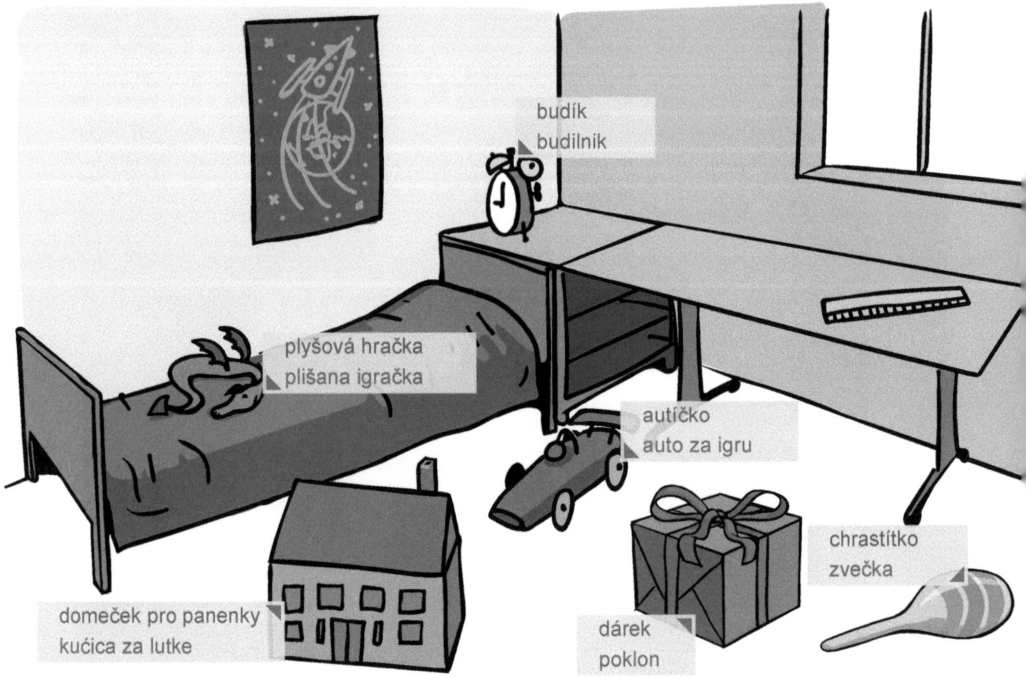
budík
budilnik
plyšová hračka
plišana igračka
autíčko
auto za igru
chrastítko
zvečka
domeček pro panenky
kućica za lutke
dárek
poklon

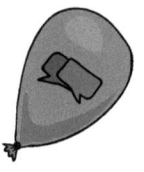

balón

balon

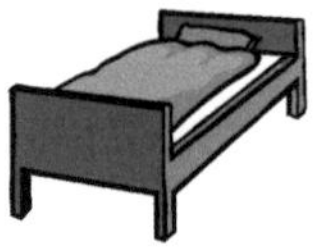

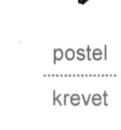

postel

krevet

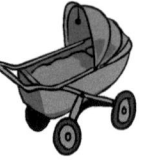

kočárek

kolica za djecu

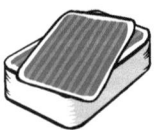

balíček karet

karte za igranje

puzzle

puzle

SUPER
MEGA

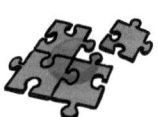

komiks

strip

lego kostky

lego kockice

stavebnice

kockice za gradnju

akční figurka

akcione figure

dupačky

benkica

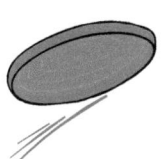

frisbee

frizbi

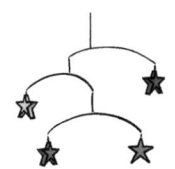

závěsné hračky nad postýlku
mobile

desková hra

igra na ploči

kostky

kocka

modelová železnice

miniatura željeznice

dudlík

cucla

oslava

zabava

obrázková kniha

slikovnica

míč

lopta

panenka

lutka

hrát si

igrati

dětský pokoj - dječija soba

pískoviště

pješćanik

houpačka

ljuljačka

hračky

igračke

hrací konzole

konzola za igru

tříkolka

triciklo

medvídek

medvjedić

šatník

ormar

# oblečení

## odjeća

ponožky

kratke čarape

punčochy

čarape

punčochové kalhoty

hulahopke

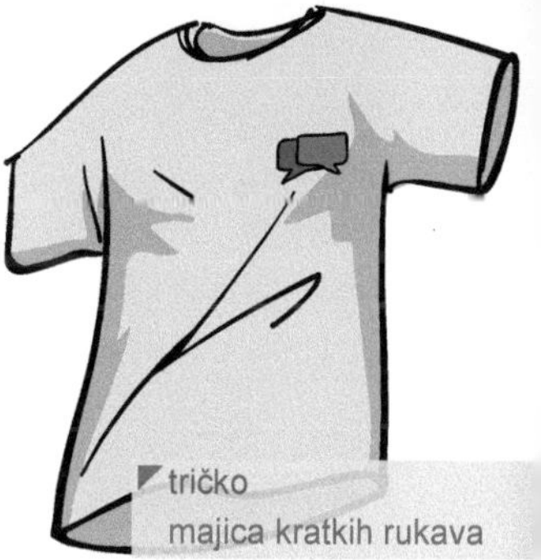

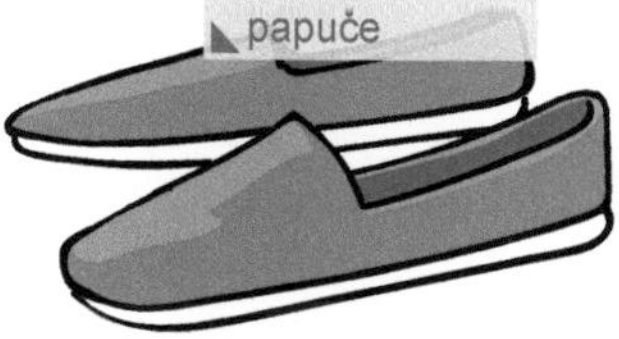

šála
šal

deštník
kišobran

tričko
majica kratkih rukava

pásek
kaiš

kozačky
čizme

domácí obuv
papuče

tenisky
patike

sandály

sandale

obuv

cipele

holínky

gumene čizme

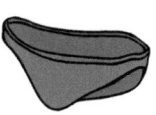

spodní prádlo

gaće

podprsenka

grudnjak

nátělník

potkošulja

oblečení - odjeća

body
.................
bodi

kalhoty
.................
hlače

džíny
.................
farmerke

sukně
.................
suknja

blůza
.................
bluza

košile
.................
košulja

svetr
.................
džemper

mikina
.................
majica

blejzr
.................
sako

bunda
.................
jakna

kabát
.................
mantil

pláštěnka
.................
kišni mantil

kostým
.................
kostim

šaty
.................
haljina

svatební šaty
.................
vjenčanica

oblečení - odjeća

oblek
odijelo

noční košile
spavaćica

pyžamo
pidžama

sárí
sari

šátek na hlavu
marama

turban
turban

burka
burka

kaftan
kaftan

abája
abaja

plavky
kupaći kostim

pánské plavky
kupaće gaće

kraťasy
kratke hlače

tepláková souprava
trenerka

zástěra
pregača

rukavice
rukavice

knoflík

dugme

brýle

naočare

náramek

narukvica

náhrdelník

ogrlica

prsten

prsten

náušnice

naušnica

čepice

kapa

ramínko

vješalica

klobouk

šešir

kravata

kravata

zip

patentni zatvarač

helma

kaciga

kšandy

tregeri za hlače

školní uniforma

školska uniforma

uniforma

uniforma

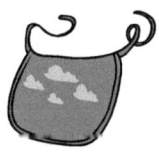

bryndák

podbradak

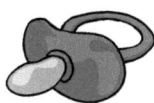

dudlík

cucla

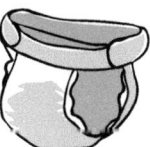

plena

pelene

# kancelář
# ured

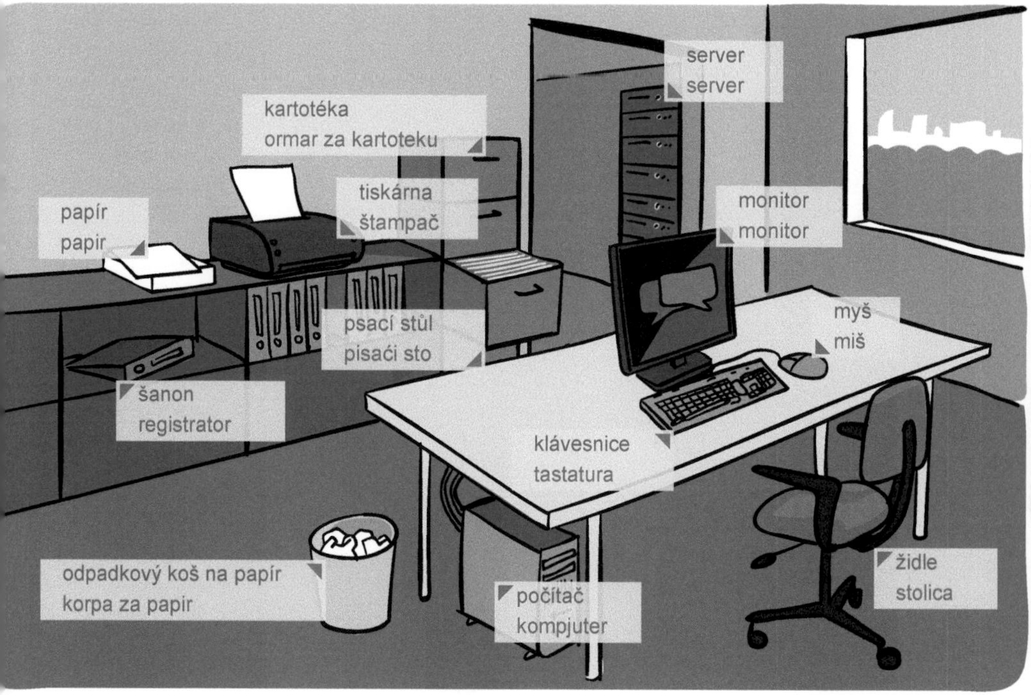

server
server
kartotéka
ormar za kartoteku
tiskárna
štampač
papír
papir
monitor
monitor
psací stůl
pisaći sto
myš
miš
šanon
registrator
klávesnice
tastatura
odpadkový koš na papír
korpa za papir
židle
stolica
počítač
kompjuter


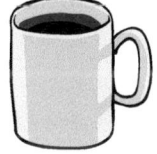

hrnek na kávu

šolja za kafu

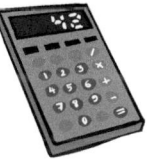

kalkulačka

kalkulator

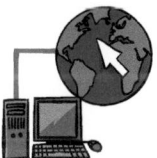

internet

internet

notebook

laptop

dopis

pismo

zpráva

poruka

mobil

mobilni telefon

síť

mreža

kopírka

aparat za kopiranje

software

softver

telefon

telefon

zásuvka

utičnica

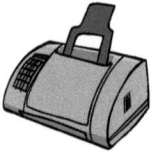

fax

faks

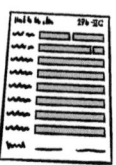

formulář

formular

dokument

dokument

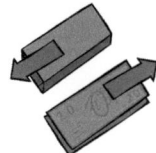

nakupovat

kupovati

 **USD**

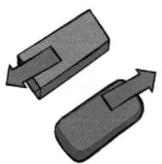 **EUR**

peníze

novac

dolar

dolar

euro

euro

 **JPY**

 **RUB**

 **CHF**

zaplatit

platiti

jednat

trgovati

jen

jen

rubl

rublja

frank

franak

 **CNY**

 **INR**

juan

renminbi jen

rupie

rupi

bankomat

bankomat

směnárna

mjenjačnica

zlato

zlato

stříbro

srebro

olej

nafta

energie

energija

cena

cijena

smlouva

ugovor

daň

porez

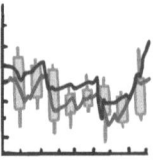

akcie

akcija

pracovat

raditi

zaměstnanec

službenik

zaměstnavatel

poslodavac

továrna

fabrika

obchod

radnja

# povolání
# zanimanja

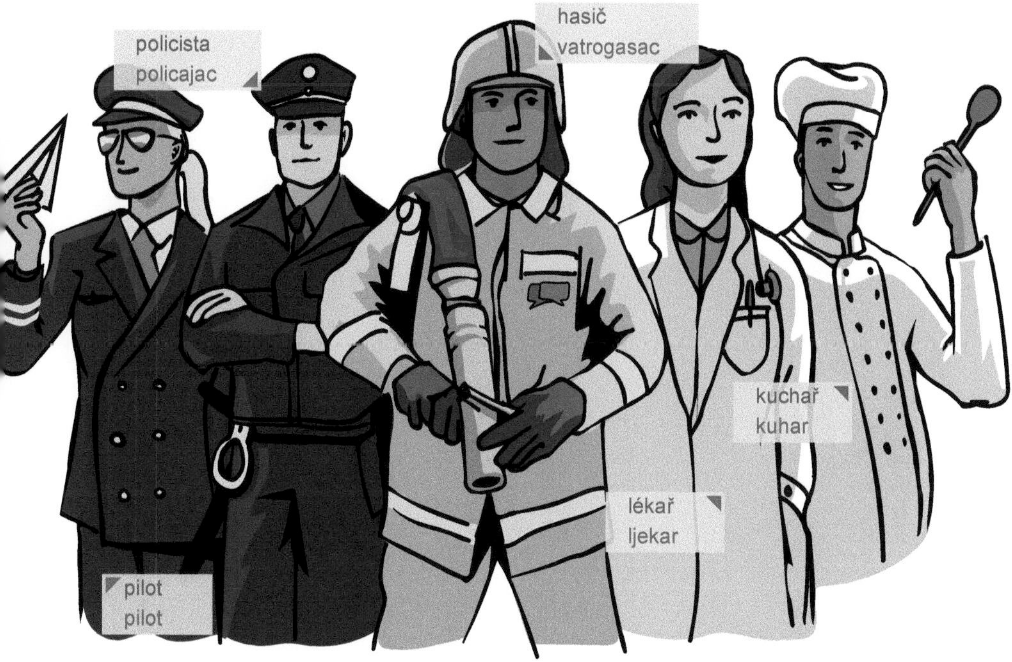
policista
policajac
hasič
vatrogasac
kuchař
kuhar
lékař
ljekar
pilot
pilot

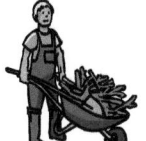

zahradník
baštovan

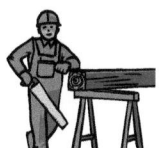

truhlář
stolar

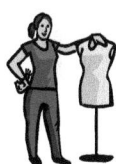

švadlena
krojačica

soudce
sudija

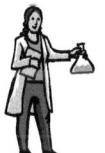

chemik
hemičar

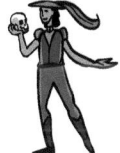

herec
glumac

řidič autobusu

vozač autobusa

řidič taxi

vozač taksija

rybář

ribar

uklízečka

čistačica

pokrývač

krovopokrivač

číšník

konobar

myslivec

lovac

malíř

moler

pekař

pekar

elektrikář

električar

stavební dělník

građevinski radnik

inženýr

inženjer

řezník

koljač

klempíř

limar, vodoinstalater

listonoš

poštar

voják

vojnik

architekt

arhitekta

pokladní

blagajnik

florista

cvjećar

kadeřník

frizer

průvodčí

kontrolor

mechanik

mehaničar

kapitán

kapiten

zubař

zubar

vědec

naučnik

rabín

rabin

imám

imam

mnich

monah

duchovní

sveštenik

# nářadí

## alat

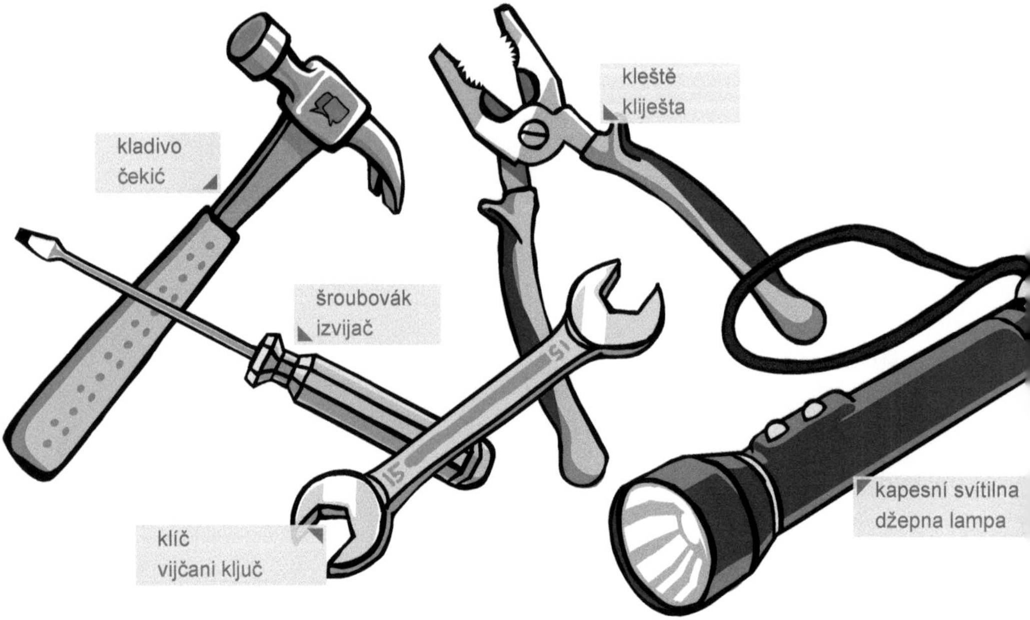

kladivo
čekić
kleště
kliješta
šroubovák
izvijač
klíč
vijčani ključ
kapesní svítilna
džepna lampa


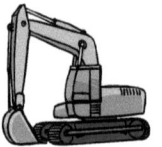

bagr

bager

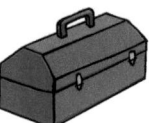

skříň na nářadí

kutija sa alatom

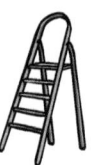

žebřík

ljestve

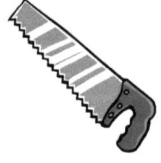

pila

testera, pila

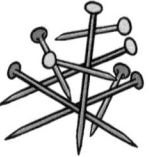

hřebíky

ekser

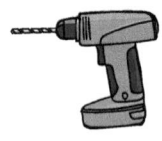

vrtačka

bušilica

opravit

popraviti

lopata

lopata

Kurva!

sranje!

lopatka

lopatica

vědroé na barvu

kanta boje

šrouby

vijak

## hudební nástroje
## muzički instrumenti

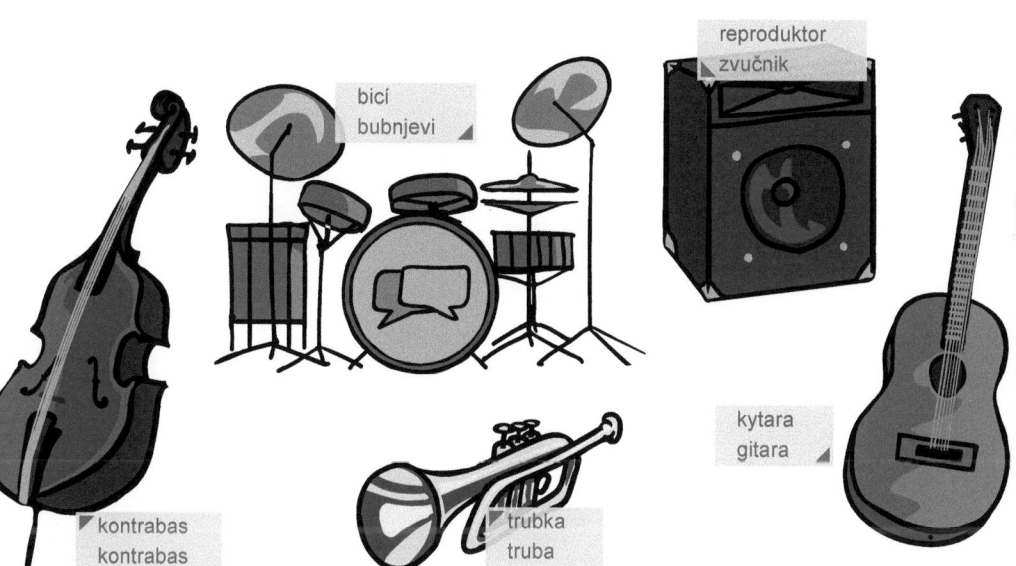

bicí
bubnjevi

reproduktor
zvučnik

kontrabas
kontrabas

trubka
truba

kytara
gitara

klavír

klavir

housle

violina

basa

bas

tympán

bubanj timpani

bubny

bubanj

keyboard

sintisajzer

saxofon

saksofon

flétna

flauta

mikrofon

mikrofon

hudební nástroje - muzički instrumenti

# ZOO

# zološki vrt

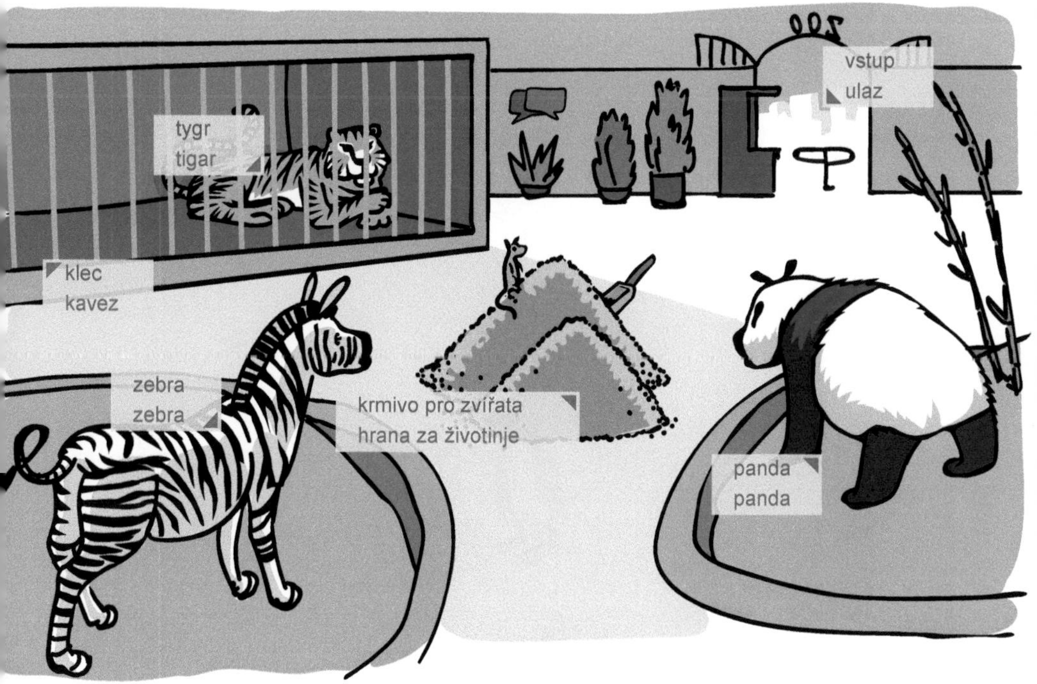
vstup
ulaz
tygr
tigar
klec
kavez
zebra
zebra
krmivo pro zvířata
hrana za životinje
panda
panda

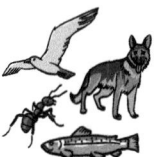

zvířata

životinje

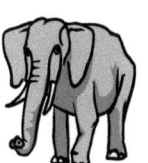

slon

slon

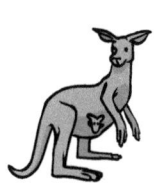

klokan

kengur

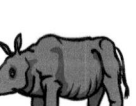

nosorožec

nosorog

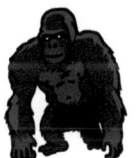

gorila

gorila

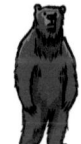

medvěd

medvjed

velbloud

kamila

pštros

noj

lev

lav

opice

majmun

plameňák

flamingo

papoušek

papagaj

lední medvěd

polarni medvjed

tučňák

pingvin

žralok

morski pas

páv

paun

had

zmija

krokodýl

krokodil

ošetřovatel zvířat

čuvar u zološkom vrtu

tuleň

tuljan

jaguár

jaguar

poník

poni

leopard

leopard

hroch

nilski konj

žirafa

žirafa

orel

orao

divoké prase

divlja svinja

ryby

riba

želva

kornjača

mrož

morž

liška

lisica

gazela

gazela

americký fotbal
americki fudbal

cyklistika
vožnja bicikla

tenis
tenis

košíková
košarka

plavání
plivanje

box
boks

lední hokej
hokej na ledu

kopaná
fudbal

badminton
bedminton

lehká atletika
laka atletika

házená
rukomet

běh na lyžích
skijanje

vodní pólo
polo

# aktivity
# aktivnosti

smát se
smijati se
skočit
skakati
objímat
zagrliti
jít
ići
zpívat
pjevati
snít
sanjati
modlit se
moliti
políbit
ljubiti

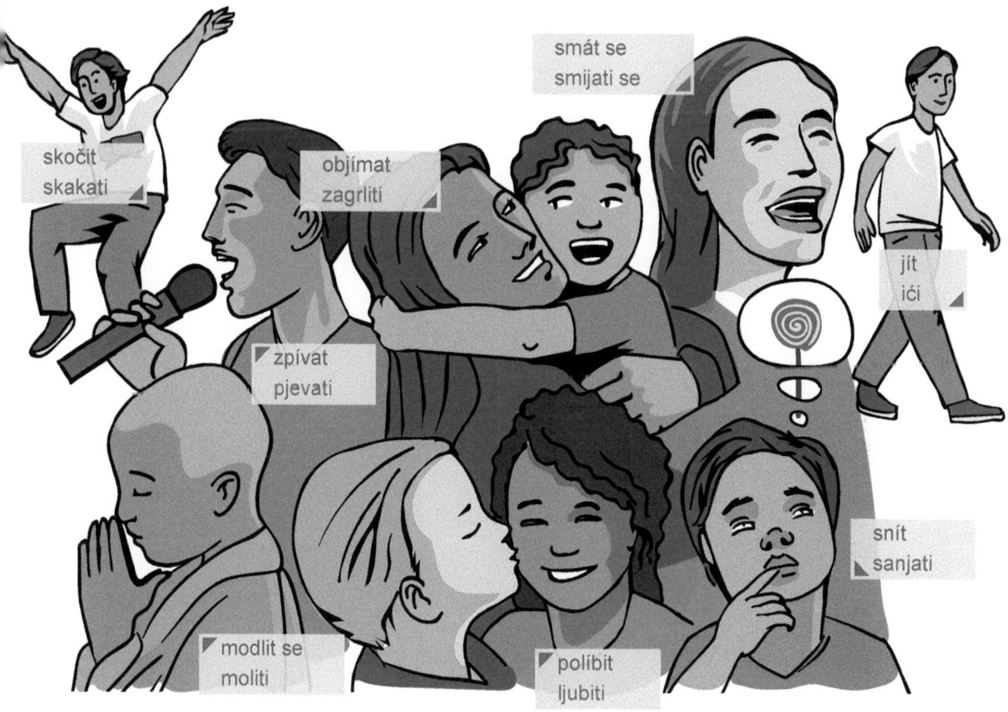

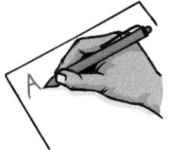

psát
pisati

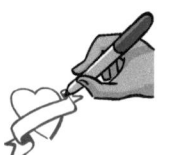

kreslit
crtati

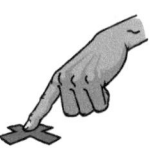

ukazovat
pokazati

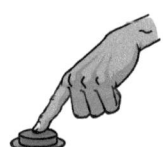

tlačit
gurati

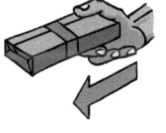

dát
dati

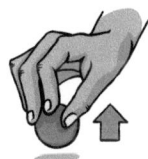

vzít si
uzeti

mít

imati

dělat

raditi

být

biti

stát

stajati

běhat

trčati

táhnout

vući

hodit

baciti

padat

pasti

ležet

ležati

čekat

čekati

nosit

nositi

sedět

sjediti

oblékat

obući

spát

spavati

vzbudit se

probuditi

aktivity - aktivnosti

prohlédnout si

pogledati

plakat

plakati

pohladit

milovati

česat

češljati

hovořit

govoriti

rozumět

razumjeti

ptát se

pitati

slyšet

slušati

pít

piti

jíst

jesti

uklidit

pospremiti

milovat

voljeti

vařit

kuhati

jet

voziti

letět

letjeti

aktivity - aktivnosti

plachtit

jedriti

počítat

računati

číst

čitati

učit se

učiti

pracovat

raditi

vzít si

vjenčavti

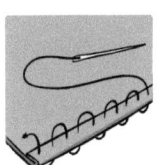

šít

šiti

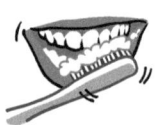

čistit si zuby

prati zube

zabít

ubiti

kouřit

pušiti

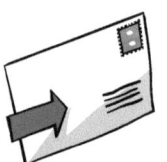

poslat

slati

babička
baka

dědeček
djed

otec
otac

matka
majka

dítě
beba

dcera
kćerka

syn
sin

host
gost

teta
ujna, tetka, strina

strýc
ujak, tetak, stric

bratr
brat

sestra
sestra

# tělo

## tijelo

čelo
čelo
oko
oko
rameno
leđa
prst
prst
obličej
lice
brada
brada
ruka
ruka, šaka
dolní končetina
noga
hruď
grudi
paže
ruka

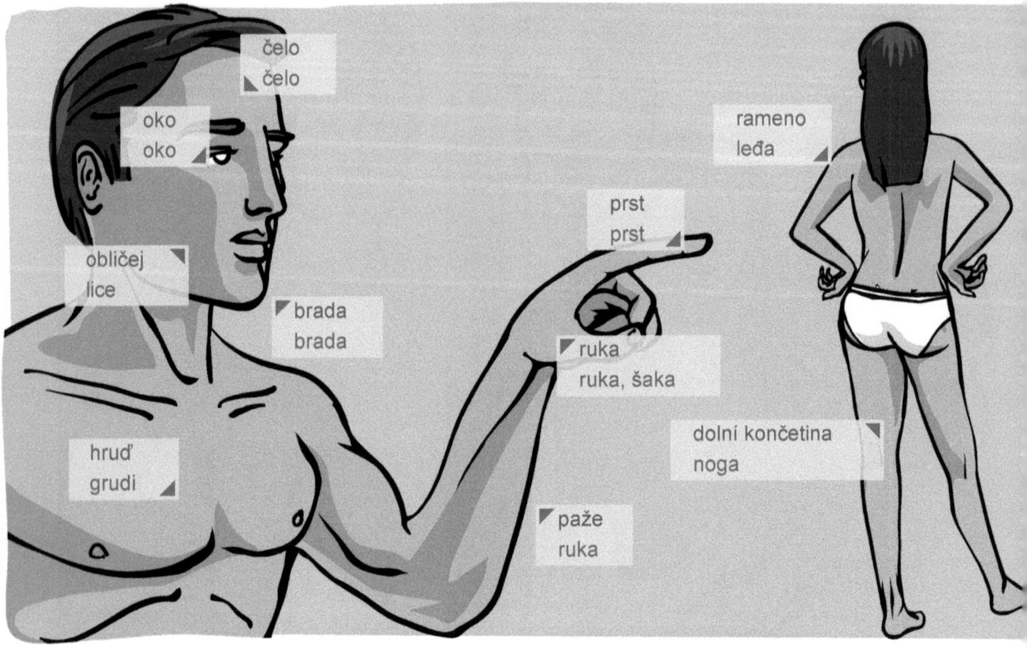

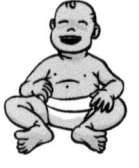

dítě
beba

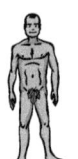

muž
muškarac

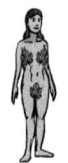

žena
žena

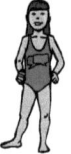

dívka
djevojčica

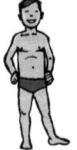

chlapec
dječak

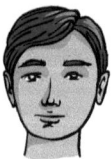

hlava
glava

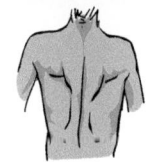

záda

leđa

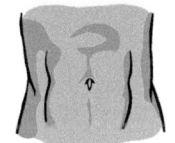

břicho

stomak

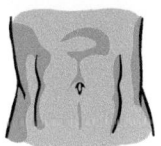

pupík

pupak

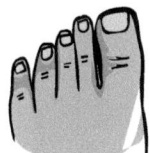

prst na noze

nožni prst

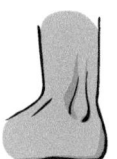

pata

peta

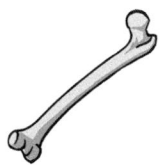

kost

kosti

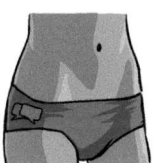

bok

kuk

koleno

koljeno

loket

lakat

nos

nos

zadek

stražnjica

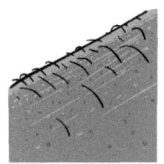

kůže

koža

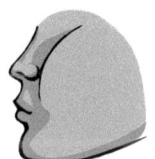

tvář

obraz

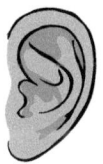

ucho

uho

ret

usna

ústa
........
usta

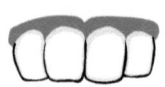

zub
........
zub

jazyk
........
jezik

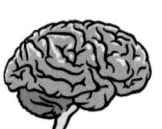

mozek
........
mozak

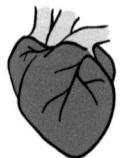

srdce
........
srce

sval
........
mišić

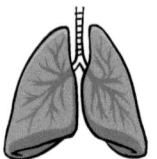

plíce
........
pluća

játra
........
jetra

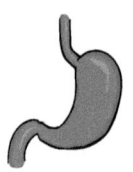

žaludek
........
želudac

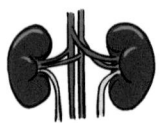

ledviny
........
bubreg

pohlavní styk
........
spolni odnos

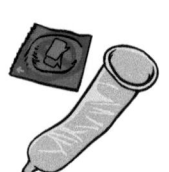

kondom
........
kondom

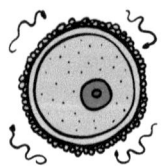

vajíčko
........
jajna ćelija

sperma
........
sperma

těhotenství
........
trudnoća

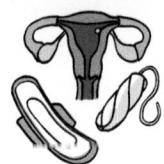

menstruace

menstruacija

vagina

vagina

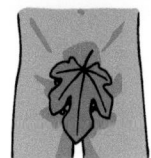

penis

penis

obočí

obrva

vlasy

kosa

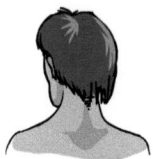

krk

vrat

# nemocnice
# bolnica

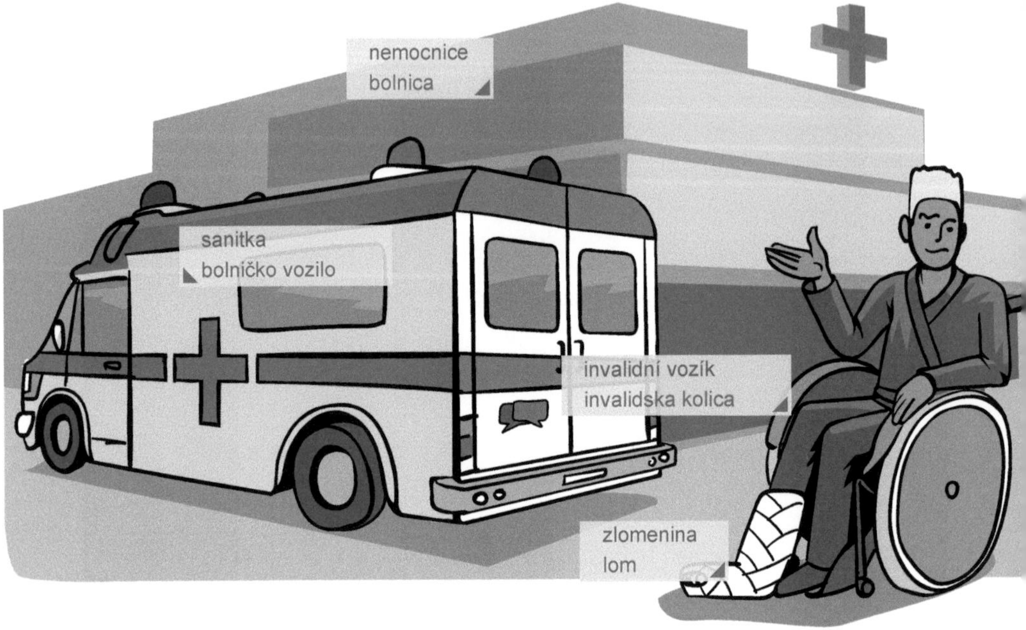

nemocnice
bolnica
sanitka
bolničko vozilo
invalidní vozík
invalidska kolica
zlomenina
lom


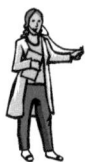

lékař

ljekar

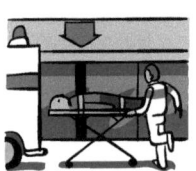

pohotovost

hitna služba

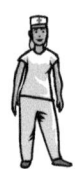

zdravotní sestra

medicinska sestra

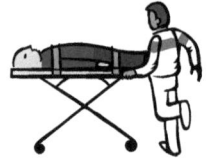

urgentní případ

hitna pomoć

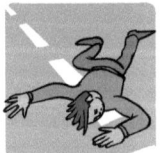

v bezvědomí

nesvjest

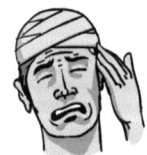

bolest

bol

úraz
.................
povreda

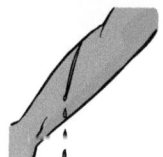

krvácení
.................
krvarenje

infarkt myokardu
.................
srčani udar, infarkt

cévní mozková příhoda
.................
moždani udar

alergie
.................
alergija

kašel
.................
kašalj

horečka
.................
groznica

chřipka
.................
gripa

průjem
.................
proljev

bolest hlavy
.................
glavobolja

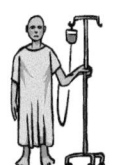

rakovina
.................
rak

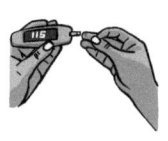

cukrovka
.................
dijabetes

chirurg
.................
hirurg

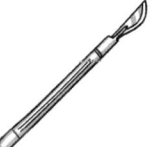

skalpel
.................
skalpel

operace
.................
operacija

CT
CT

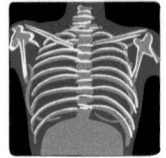

rentgen
rendgen

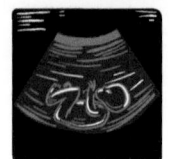

ultrazvuk
ultrazvuk

maska
maska

nemoc
bolest

čekárna
čekaonica

berle
štake

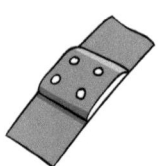

náplast
flaster

obvaz
zavoj

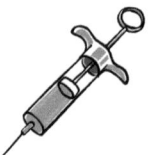

injekce
injekcija

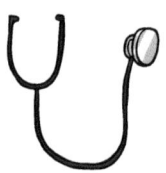

stetoskop
stetoskop

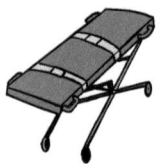

nosítka
nosilo

teploměr
termometar

porod
porod

nadváha
prekomjerna težina, debljina

naslouchátko

slušni aparat

dezinfekční prostředek

sredstvo za dezinfekciju

infekce

infekcija

virus

virus

HIV / AIDS

HIV/ AIDS

lékařství

medicina

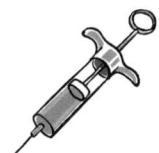

očkování

vakcinacija

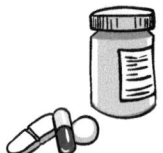

tablety

tablete

pilulka

pilula

tísňové volání

hitni poziv

tonometr

aparat za mjerenje pritiska

nemocný / zdravý

bolestan / zdrav

Pomoc!

Upomoć!

poplach

alarm

přepadení

napad, prepad

napadení

napad

nebezpečí

opasnost

nouzový východ

izlaz u slučaju opasnosti

Hoří!

Požar!

hasicí přístroj

vatrogasni aparat

nehoda

nezgoda

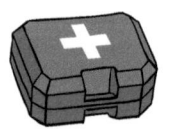

zdravotnická brašna

torba prve pomoći

SOS

SOS

policie

policija

Evropa

Europa

Severní Amerika

Sjeverna Amerika

Jižní Amerika

Južna Amerika

Afrika

Afrika

Asie

Azija

Austrálie

Australija

Atlantik

Atlantik

Pacifik

Pacifik

Indický oceán

Indijski okean

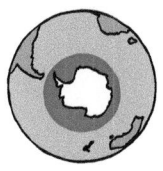

Jižní ledový oceán

Antarktički okean

Severní ledový oceán

Arktički okean

severní pól

Sjeverni pol

jižní pól
Južni pol

Antarktida
Antarktik

země
Zemlja

pevnina
zemlja

moře
more

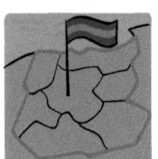

ostrov
ostrvo

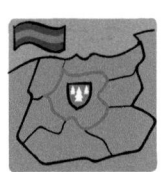

národ
nacija

stát
država

ciferník

brojčanik sata

hodinová ručička

kazaljka sata

minutová ručička

kazaljka minute

vteřinová ručička

kazaljka sekunde

Kolik je hodin?

Koliko je sati?

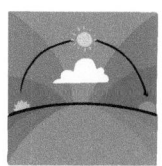

den

dan

čas

vrijeme

teď

sada

digitální hodinky

digitalni sat

minuta

minuta

hodina

sat

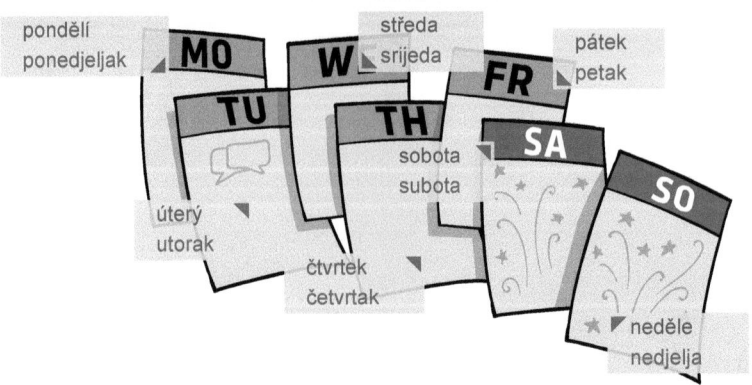

pondělí
ponedjeljak

úterý
utorak

středa
srijeda

čtvrtek
četvrtak

pátek
petak

sobota
subota

neděle
nedjelja

včera
juče

dnes
danas

zítra
sutra

ráno
jutro

poledne
podne

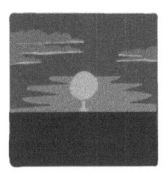

večer
veče

| MO | TU | WE | TH | FR | SA | SU |
|----|----|----|----|----|----|----|
| 1 | 2 | 3 | 4 | 5 | 6 | 7 |
| 8 | 9 | 10 | 11 | 12 | 13 | 14 |
| 15 | 16 | 17 | 18 | 19 | 20 | 21 |
| 22 | 23 | 24 | 25 | 26 | 27 | 28 |
| 29 | 30 | 31 | 1 | 2 | 3 | 4 |

pracovní dny
radni dani

| MO | TU | WE | TH | FR | SA | SU |
|----|----|----|----|----|----|----|
| 1 | 2 | 3 | 4 | 5 | 6 | 7 |
| 8 | 9 | 10 | 11 | 12 | 13 | 14 |
| 15 | 16 | 17 | 18 | 19 | 20 | 21 |
| 22 | 23 | 24 | 25 | 26 | 27 | 28 |
| 29 | 30 | 31 | 1 | 2 | 3 | 4 |

víkend
vikend

# rok
# godina

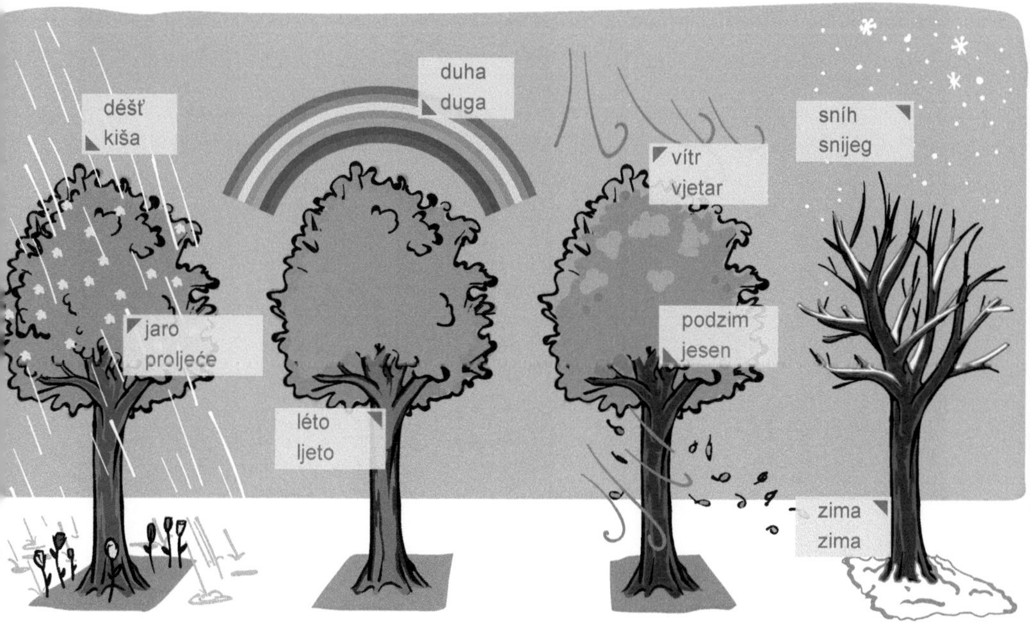

déšť
kiša
duha
duga
vítr
vjetar
sníh
snijeg
jaro
proljeće
léto
ljeto
podzim
jesen
zima
zima


4.APRIL 11°
5.APRIL 4°
6.APRIL 13°
7.APRIL 8°
8.APRIL 10°


předpověď počasí

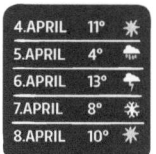

prognoza vremena

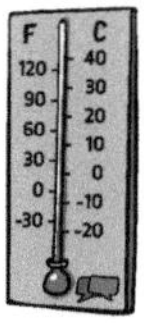

F C
120 40
90 30
60 20
30 10
0 0
-30 -10
-20


teploměr

termometar

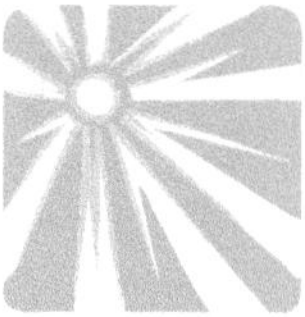

sluneční svit

sunčev sjaj

mrak

oblak

mlha

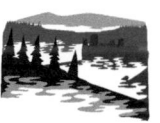

magla

vlhkost

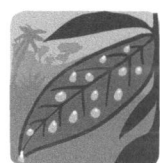

vlažnost vazduha

blesk

munja

hrom

grom

bouřka

oluja

kroupy

tuča, led

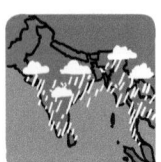

monzun

monsun

povodeň

poplava

led

led

leden

januar

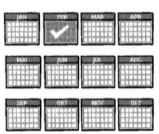

únor

februar

březen

mart

duben

april

květen

maj

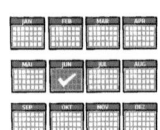

červen

juni

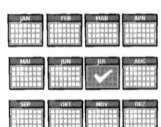

červenec

juli

srpen

avgust

rok - godina

září
...............
septembar

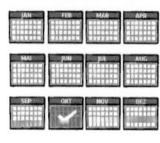

říjen
...............
oktobar

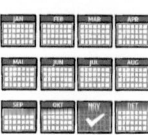

listopad
...............
novembar

prosinec
...............
decembar

kruh
...............
krug

čtverec
...............
kvadrat

obdélník
...............
pravougao

trojúhelník
...............
trougao

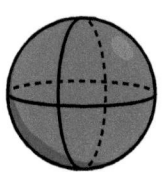

koule
...............
kugla

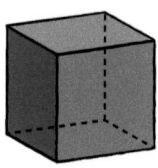

krychle
...............
kocka

bílá

bjel

žlutá

žut

oranžová

narandžast

růžová

pink

červená

crven

fialová

ljubičast

modrá

plav

zelená

zelen

hnědá

smeđ

šedá

siv

černá

crn

hodně / málo
malo / mnogo

rozzuřený / mírumilovný
ljutit / miran

krásný / ošklivý
lijep / ružan

začátek / konec
početak / kraj

velký / malý
veliki / mali

světlý / tmavý
svijetlo / tamno

bratr / sestra
brat / sestra

čistý / špinavý
čist / prljav

úplný / neúplný
potpun / nepotpun

den / noc
dan / noć

mrtvý / živý
mrtav / živ

široký / úzký
široko / usko

jedlý / nejedlý

ukusno / neukusno

zlý / hodný

zao / prijatan

vzrušený / znuděný

uzbuđen / dosadan

tlustý / hubený

debeo / mršav

nejdříve / naposledy

najprije / najkasnije

přítel / nepřítel

prijatelj / neprijatelj

plný / prázdný

pun / prazan

tvrdý / měkký

trvd / mekan

těžký / lehký

težak / lagan

hlad / žízeň

glad / žeđ

nemocný / zdravý

bolestan / zdrav

ilegální / legální

ilegalan / legalan

inteligentní / hloupý

inteligentan / glup

vlevo / vpravo

lijevo / desno

blízko / daleko

blizu / daleko

protiklady - suprotnosti

nový / použitý

nov / polovan

nic / něco

ništa / nešto

starý / mladý

star / mlad

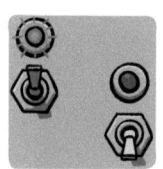

zapnutý / vypnutý

uključeno / isključeno

otevřeno / zavřeno

otvoreno / zatvoreno

tichý / hlasitý

tiho / glasno

bohatý / chudý

bogat / siromašan

správný / špatný

tačno / pogrešno

drsný / hladký

hrapav / glatak

smutný / šťastný

tužan / srećan

krátký / dlouhý

kratak / dug

pomalý / rychlý

spor / brz

vlhký / suchý

mokro / suho

teplý / chladný

toplo / hladno

válka / mír

rat / mir

**0**

nula
nula

**1**

jedna
jedan

**2**

dva
dva

**3**

tři
tri

**4**

čtyři
četiri

**5**

pět
pet

**6**

šest
šest

**7**

sedm
sedam

**8**

osm
osam

**9**

devět
devet

**10**

deset
deset

**11**

jedenáct
jedanaest

**12**

dvanáct

dvanaest

**13**

třináct

trinaest

**14**

čtrnáct

četrnaest

**15**

patnáct

petnaest

**16**

šestnáct

šesnaest

**17**

sedmnáct

sedamnaest

**18**

osmnáct

osamnaest

**19**

devatenáct

devetnaest

**20**

dvacet

dvadeset

**100**

sto

sto

**1.000**

tisíc

hiljada

**1.000.000**

milion

milion

angličtina

engleski

americká angličtina

američki engleski

standardní čínština

kinesko mandarinski

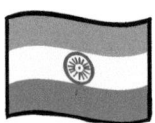

hindština

hindi

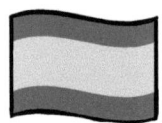

španělština

španski

francouzština

francuski

arabština

arapski

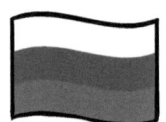

ruština

ruski

portugalština

portugalski

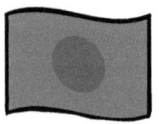

bengálština

bengalski

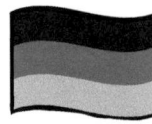

němčina

njemački

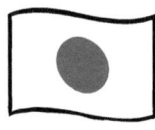

japonština

japanski

já
........................
ja

ty
........................
ti

on / ona / ono
........................
on / ona / ono

my
........................
mi

vy
........................
vi

oni
........................
oni

Kdo?
........................
ko?

Co?
........................
šta?

Jak?
........................
kako?

Kde?
........................
gdje?

Kdy?
........................
kada?

jméno
........................
ime

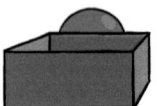

za
........
iza

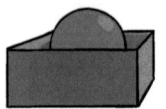

do
........
u

z
........
pred

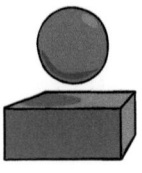

nad
........
iznad

na
........
na

mezi
........
ispod

vedle
........
pored

mezi
........
između

místo
........
mjesto